Bodo Riedel (Hrsg.)

Noch mal anfangen

ONCKEN VERLAG WUPPERTAL UND KASSEL

ABCteam-Bücher erscheinen in folgenden Verlagen:

Aussaat-Verlag Neukirchen-Vluyn
R. Brockhaus Verlag Wuppertal
Brunnen Verlag Gießen (und Brunnquell-Verlag)
Christliches Verlagshaus Stuttgart
(und Evangelischer Missionsverlag)
Oncken Verlag Wuppertal und Kassel

Umschlaggestaltung: Carsten Buschke, Solingen
Satz: Typo Schröder, Dernbach/Dierdorf
Druck: Ebner Ulm
ISBN 3-7893-3492-8
Bestell-Nr. 113 492

INHALT

Noch mal anfangen

Wer möchte das nicht: durchstarten, alte Fehler vermeiden, mit neuem Kurs auf Fahrt gehen, sich von einem guten Ziel bestimmen lassen.

Davon träumen wir vielleicht. Doch die Wirklichkeit sieht anders aus. Wir wissen: Wir können nicht einfach auslöschen, was gewesen ist. Unsere Vergangenheit hat uns festgelegt. Sie prägt uns. Noch mal anfangen können – das braucht mehr als menschliche Macht und Kraft.

Genau darum geht es bei den 26 Menschen, die hier von ihrem neuen Anfang berichten. Daß sie es aus eigener Kraft nie hätten schaffen können, das wußte jeder einzelne nur zu gut. Nein! Sie sind Jesus Christus begegnet, und das hat alles verändert. Sie haben eine Beziehung zu Jesus gefunden – und das nennen wir ja glauben! Sie haben noch mal – zum zweiten Mal – angefangen.

Es sind ganz verschiedene Menschen, die Ihnen auf den folgenden Seiten begegnen: Frauen und Männer, Ältere und Jüngere, aus Ost und West. Manche haben eine liebevolle Kindheit erlebt, andere sind in einer schlimmen Umgebung großgeworden. Einige wenige sind dabei, deren Namen manche kennen (Eishockey-Nationaltorwart Karl Friesen; Fußballtorwart René Müller, bis 1994 bei Dynamo Dresden; Schuh-Unternehmer Deichmann). Doch wichtig ist jeder einzelne, weil er von Gott geliebt wird.

Damit Sie die Berichte leichter einordnen können, habe ich einige Kurzartikel – von A bis F nach dem Alphabet geordnet – dazwischen gesetzt.

Bodo Riedel

»Mit 19 zog ich mit meinem Freund zusammen . . .«

Ich bin als behütetes Kind in einer liebevollen katholischen Famile aufgewachsen. Ich glaubte, daß es einen Gott gibt; aber einen, der weit weg ist – ein Gott, der uns unser Leben so leben läßt.

Mit 19 zog ich mit meinem Freund zusammen, der gar nichts von Kirche hielt; und so kehrte auch ich ihr ganz den Rücken.

Doch diese Beziehung ging in die Brüche. So ging ich wieder zurück in die Kirche und suchte dort Halt und Trost und Antwort auf meine Fragen nach dem Sinn des Lebens. Was ich dort aber erlebte, war etwas ganz anderes: Ich sah viele junge Leute, die sonntags zur Kirche gehen, aber in der Woche in Discos rumhängen. Sie wechseln die Partner, und jeder tut, was ihm gefällt. Das gefiel mir. Ich dachte: Was ihr könnt, das kann ich schon lange! So lebte ich entsprechend egoistisch. Auch meine Partner wechselten ständig. Doch anstatt durch diesen Lebensstil ausgefüllt zu sein, wurde ich immer unzufriedener.

Eines Abends traf ich in der Disco einen ehemaligen Arbeitskollegen. Er erzählte mir, daß er geschieden sei und sein zweijähriges Kind nicht zu sehen bekam. Trotz dieser Misere strahlte er etwas Besonderes aus, was ich mir nicht erklären konnte. Doch das faszinierte mich total. Das wollte ich auch haben!

Er besuchte mich zwei Tage später und erzählte mir von Jesus Christus. Er erklärte mir, daß er zu Jesus beten könnte; daß Jesus ihm seine Sünden vergeben habe und ihm helfe, im Leben zurechtzukommen. Dann lud er mich ein in seine Gemeinde. Als ich dort hinkam, waren alle so lieb und offen zu mir, daß ich mich sofort sehr wohl fühlte. Hier fand ich den Trost und die Hilfe, die ich suchte. Ich merkte, daß diese Gemeinde versucht, den Glauben auch zu leben. Jeder dort strahlte vor Liebe und Freude. So gab ich Jesus mein Leben, damit auch ich so leben konnte. Heute weiß ich: Gott hat einen Plan für mein Leben. Ich bin nicht mehr allein, Jesus geht immer mit.

Andrea de Groot, 27 Jahre alt, lebt in Nettetal.

»Mit 15 habe ich meinen ersten Joint geraucht.«

Ich bin in einer Szene aufgewachsen, in der es als cool gilt, mit 13 schon zu rauchen, zu trinken und Tabletten zu schlucken.

So habe ich mit 15 meinen ersten Joint geraucht. Mit 16 habe ich mein Mofa frisiert und mit 17 Motorräder geklaut. Mit 18 bekam ich wegen Autodiebstahl ein halbes Jahr Knast – allerdings mit Bewährung. Ich habe auch Drogen jeglicher Art genommen, von Alkohol bis LSD.

Einmal hatte ich eine Beziehung zu einer Frau, die abends in der Bibel las und mit mir betete. Ich spürte damals, daß die Bibel mehr als nur ein Buch ist. Irgendwie kam mir die Bibel weise, kräftig und vor allem wahr vor.

Als die Frau nach vier Wochen unsere junge Beziehung beendete, verflogen diese Eindrücke, und ich wandte mich den Geheimwissenschaften zu. Fast sechs Jahre beschäftigte ich mich mit Okkultismus. Ich kam mir damals ziemlich schlau vor. Ich glaubte, ich sei tolerant. Doch ich sortierte die Menschen gern in bestimmte Schubladen ein; z. B. Mercedes-Fahrer mit kurzem Haar, Anzug und Krawatte: Schublade auf, Spießer rein, Schublade zu, fertig!

Ausgerechnet so ein »Spießer« stand in der Würstchenbude neben dem Evangelisationszelt. Und dieser Würstchenverkäufer im Nadelstreifenanzug fragte mich: »Glaubst du an Gott?«

Ich erklärte ihm, wie ich das sehe. Als er mir lange und beharrlich zuhörte, merkte ich, daß er etwas in seinem Herzen hatte, wonach ich schon lange suchte: Liebe – echte, ehrliche, tiefe Liebe! Bald hatte ich das Gefühl, einen echten Freund gefunden zu haben. In den nächsten Tagen verbrachte er viele Stunden mit mir. Ich erzählte von mir und er von sich: Aber eigentlich ging es immer um Jesus Christus und die Bibel.

Nach zehn Tagen hatte ich genug gehört, um sagen zu können: Ich will auch zu dieser weltumspannenden Familie Gottes gehören. Ich bat Gott um Vergebung für mein von ihm abgewandtes Leben und für meine gefährlichen Ausflüge in das Reich der Finsternis. Ich begriff, daß Jesus gekommen war, um meine Schuld ans Kreuz zu tragen. Gerechterweise hätte ich am Kreuz hängen müssen, aber Gottes Gnade ist größer als meine Logik. Er hat mir vergeben. Das ist eine Tatsache, die ich nicht vollständig mit meinem Verstand ergründen kann. Aber ich weiß: Er hat mir mein altes, ausgebranntes, erkaltetes Herz genommen und mir dafür ein neues, mit Liebe angefülltes Herz gegeben. Die wichtigste Zusage, die Gott mir am Anfang gab, heißt: »Ist jemand in Christus, so ist er eine neue Kreatur; das Alte ist vergangen, siehe, Neues ist geworden.« (2. Korinther 5, 17).

Viele Dinge, die ich mir in meinem alten Leben selbst verbaut hatte, wurden nun auf mir unerklärliche Weise bereinigt. Ich hatte nun die Möglichkeit, Jesus um Hilfe zu bitten. So wurden die Eintragungen der »Schufa-Akte« gelöscht, ehe ich nur einen Schritt zur Abzahlung meiner Schulden unternommen hatte.

Jetzt bin ich vier Jahre verheiratet. Meine liebe Frau und ich haben eine schöne Wohnung; und vor kurzem habe ich sogar die Ausbildung zum Krankenpfleger abgeschlossen. Gott sei Dank!

Andreas Körber, 30 Jahre alt, lebt in Lilienthal bei Bremen.

»Bin ich ein Wendehals? – Nein, ich bin ein Umkehrer, ein Heimkehrer.«

Fast 20 Jahre war ich hauptamtlicher Funktionär der FDJ und Mitglied der SED – und das alles aus voller Überzeugung, immer vom Willen getragen, Gutes zu tun. Ich wuchs in einem atheistischen, aber sehr liebevollen Elternhaus auf, wurde zu Achtung und Toleranz im Umgang mit anderen Menschen erzogen. Ich war ein strammer FDJ-ler; aber es gab auf meinem Lebensweg auch immer Kontakte zu gläubigen Menschen. Da war z. B. die Tochter des Baptistenpastors, die mich zur Jugendstunde einlud. Es gab interessante Diskussionen, aber an Gott wollte ich nicht glauben. So trennten sich unsere Wege wieder.

Tief in meinem Inneren jedoch blieb eine große Sehnsucht, die mich immer wieder das Gespräch mit Christen suchen ließ. Auch in der Bibel versuchte ich zu lesen. Allerdings gab ich das schnell wieder auf. Es war mir einfach zu schwierig. Dann kam die Wende. Ich freute mich über den Fall der Mauer und gewonnene Freiheiten, war begeistert von der Politik der Runden Tische und hoffte auf eine bessere DDR. Aber ich hatte auch Angst vor Dingen, die mir nie gefallen werden: Egoismus, Geldgier, Arbeitslosigkeit, Gewalt, Haß, Gleichgültigkeit, Unmoral . . .

Und da waren die Scham, die Tränen, die Wut, als ich begriff, was alles im Namen des Sozialismus in diesem Land geschehen war, wie meine Ideale völlig wertlos wurden, weil man sie mißbraucht hatte.

Im Mai 1991 besuchte ich eine Bibelausstellung in der Evangelisch-Freikirchlichen Gemeinde und kam dort mit Leuten ins Gespräch. Es geschah etwas Wunderbares. Plötzlich konnte ich mich öffnen, mir so vieles von der Seele reden und Jesus um Hilfe bitten.

Ich konnte Schuld nennen und bekennen. Es begann eine Zeit guter und offener Gespräche mit Christen. Ich erlebte Aufmerksamkeit und Zuwendung, und ich begann ein intensives Bibelstudium. Schon bald wurde mir klar, daß ich endlich das gefunden hatte, wonach ich so viele Jahre vergeblich auf der Suche gewesen war. Endlich konnte ich Frieden mit Gott machen und Jesus Christus als Herrn annehmen für mein Leben, das ich seither so viel sinn- und freudvoller empfinde. Im April 1992 feierte ich dann mit der ganzen Gemeinde meine Taufe.

Bin in ein Wendehals, einer, der sein Fähnlein nach dem Wind hängt? Nein, ich denke, das bin ich nicht, obwohl sich in meinem Leben die größte Wende vollzogen hat. Ich bin ein Umkehrer, ein Heimkehrer. Ich habe die gute Nachricht von Jesus Christus einfach in Anspruch genommen. Und das konnte ich, weil ich begriffen habe, daß Jesus mich liebt, so wie er alle Menschen liebt! Ich weiß es, denn ich habe sie erfahren, seine unendliche Liebe, seine Vergebung, seine Barmherzigkeit und Gnade.

Sabine Aho, 44 Jahre alt, lebt in Jessen, Kreis Wittenberg.

»An meinem 38. Geburtstag kam ich in die Klinik.«

An meinem 38. Geburtstag kam ich mit starken Depressionen und Selbstmordgedanken in eine psychiatrische Klinik. Seit 10 Jahren hatte ich nahezu jedes Wochenende mit Migräne im Bett verbracht. Wahrsagerei, Kartenlegen und Bücher über positives Denken hatten mir nicht weitergeholfen. Nach 14 Wochen Klinik wurde ich trotz starker Lebensangst nach Hause entlassen.

Die Klassenlehrerin meiner Tochter hatte sich zwei Jahre vergeblich bemüht, mich in die Gemeinde einzuladen, zu der sie sich hielt. Um endlich Ruhe zu haben, gab ich schließlich ihrem Drängen nach und begleitete sie zum Gottesdienst. Die Predigt hatte das Thema »Bitterkeit«. Anhand eines Einhundertmarkscheins machte der Pastor deutlich, daß der seinen Wert nicht verliert, selbst wenn er zerknüllt und darauf herumgetreten wird. Mit Tränen in den Augen hörte ich, wie er sagte: »Genauso sind wir als Menschen bei Gott kostbar und wertgeachtet. Selbst wenn wir am Boden liegen, hebt Jesus uns auf. Er kann allen Schaden der Seele heilen, wenn wir bereit sind, seine Liebe anzunehmen und mit unserer Not zu ihm zu kommen.«

An diesem Tag übergab ich Jesus mein Leben. Er ist die Mitte meines Lebens geworden; und nichts kann mich von seiner Liebe scheiden!

Christa Gerlach, 42 Jahre alt, lebt in Brüggen-Bracht.

A wie **A**nfang

Bei allen Berichten in diesem Buch geht es ums Anfangen – und zwar in doppelter Weise. Einmal beginnen Menschen ein ganz neues Leben, wenn sie Jesus begegnen: Noch mal anfangen können.

Es geht aber auch um einen ersten Anfang – nämlich im Glauben. Die Menschen, die Ihnen hier begegnen, haben ja auch etwas gemeinsam: Sie haben angefangen, an Jesus Christus zu glauben. Das heißt: Es gab eine Zeit in ihrem Leben, da glaubten sie nicht an Jesus Christus – jetzt aber glauben sie. Hier beschreiben sie, **warum** und **wie** sie dazu gekommen sind zu glauben.

Das ist heute wohl jedem klar in Deutschland: Wenn ich Christ sein will, muß ich erst einmal damit anfangen. Das war nicht immer allen so deutlich. Lange Zeit meinte man, wir würden quasi als Christ geboren. Oder die Taufe – und später vielleicht die Konfirmation oder die Firmung – würden uns dazu machen. Wer dann Mitglied einer Kirche war, galt automatisch als Christ.

Heute wissen wir, daß das so nicht stimmt. Wir sind nicht einfach Christen, weil das unsere Eltern vielleicht waren. Und es genügt nicht, Mitglied einer Kirche oder Gemeinde zu sein – nicht einmal einer freikirchlichen Gemeinde! Wir sind nur Christ, wenn wir es geworden sind. So wie unser Leben ohne den Anfang mit Zeugung und Geburt nicht möglich ist, so ist es auch im Glaubensleben: Es muß einen Anfang geben!

»Eine Reise nach Israel weckte bei mir die Sehnsucht, mehr mit dem Glauben in Berührung zu kommen.«

In meiner Kindheit war das Thema Gott außer einem Gebet vor dem Schlafengehen ausgeklammert. Meine Eltern standen der Kirche eher kritisch gegenüber.

Daß Gott für mich trotzdem existent war, ist mir erst später bewußt geworden. Bei einer schweren Lungenentzündung – ich war damals 19 – betete ich in meiner Not eindringlich zu Gott.

Bevor ich aber Jesus in mein Herz aufnahm, verging noch lange Zeit. Kam das Gespräch mal auf das Thema, so vertrat ich die Ansicht, daß Jesus ein vorbildlicher Mensch gewesen sein muß.

In der Zeit meines Studiums hatte ich auch Kontakte zu kommunistischen Gruppen, die vorgaben, sich für eine gerechtere und menschlichere Gesellschaftsordnung einzusetzen. Hier vertrat ich die Ansicht, daß Jesus der erste Kommunist gewesen sein muß. Auch mein späteres Engagement in verschiedenen politischen Gruppen des Friedens und der Antiatomkraftbewegung gaben mir nicht das, was ich unbewußt suchte.

Eine Reise nach Israel weckte dann bei mir die Sehnsucht, mehr mit dem Glauben in Berührung zu kommen. Besonders in Jerusalem konnte ich das intensive Glaubensleben der Juden, Moslems und Christen miterleben. Nach dieser Reise begann meine Suche nach Gott mit zögerlichen Gottesdienstbesuchen im Bremer Dom. Auch hatte ich mittlerweile verschiedene Bibelausgaben zu Hause. Ich versuchte, Zugang zu Gottes Wort zu bekommen, aber alle Versuche des Verstehens scheiterten. Gott war für mich nach wie vor nicht erreichbar.

Der entscheidende Wendepunkt kam dann während eines Gottesdienstes. Im Vergleich zu anderen Gottesdiensten fiel mir in dieser Gemeinde besonders auf, daß Jesus Christus im Mittelpunkt stand.

Seit diesem Erlebnis gibt es für mich nicht mehr den abstrakten Gott, sondern einen Gott, der hier und jetzt in meiner Nähe ist. Ich spürte schnell, daß nicht nur mein Kopf, sondern auch mein Herz von dieser Gottesnähe berührt war. Diese Nähe zu Gott so intensiv zu spüren – das war wie ein Lebensquell! Bald danach entschloß ich mich, mein Leben ganz in Jesu Hand zu legen und mein Tun ganz auf ihn auszurichten.

Mit Jesus leben, mit ihm im Gebet verbunden zu sein und die Bibel immer mehr zu entdecken – das sind Reichtümer in meinem Leben geworden. Diese Reichtümer bedeuten für mich keinen Selbstzweck. Sie zeigen mir in unserer immer komplizierter werdenden Welt mit ihren verschiedenen Bedrohungen einen Weg, der menschliches Leben mit Sinn erfüllt.

Rainer Barth, 45 Jahre alt, lebt in Bremen.

»Ich war zu stolz, meine Sünden zu bekennen.«

Ich bin in einer nichtchristlichen Familie in Rußland aufgewachsen. In meiner Jugend lebte ich genauso wie meine Freunde und dachte nicht über Gott nach. Ich schloß mein Studium als Lehrerin erfolgreich ab. Ich hatte eine Arbeitsstelle und eine Familie. Unter meinen Verwandten, Freunden und Bekannten waren keine Christen. Das Leben ohne Gott mit seinen Verlockungen und Vergnügungen zog mich an. Doch eines Tages merkte ich, daß mir viel fehlte. Das geschah, als mein Mann sich für ein Leben mit Jesus entschied. Da erfüllte Friede sein Herz, und ihm war nicht mehr alles gleichgültig. Sein Leben bekam einen neuen Sinn. Er wollte, daß seine Kinder nicht so lebten, wir er zuvor gelebt hatte.

Da begann auch ich darüber nachzudenken, wofür ich lebte. Meine Familie lebte mit Gott. Ich wollte kein Hindernis für sie sein, sondern mit ihnen in eine Richtung gehen. So begann ich, Gottesdienste zu besuchen und christliche Literatur zu lesen. Meine Fragen über Jesus Christus wurden von meinem Mann und neuen Freunden beantwortet. Als ich anfing, die Bibel zu lesen, bekam ich eine neue Einstellung zu ihr. Durch die Bibel und den Besuch der Gottesdienste erkannte ich, in welchem Meer von Sünde und Haß ich lebte.

1990 kam ich nach Deutschland, und zwar nach Höxter. Im Herbst 1993 gab es dort eine Evangelisation. Ich ging hin und spürte, daß der Geist Gottes in mir arbeitete. Doch ich zögerte. Ich war zu stolz, meine Sünden zu bekennen. In dieser Zeit wurde mir ein Bibelvers wichtig: »Wenn ihr nicht umkehrt und werdet wie die Kinder, so werdet ihr nicht ins Himmelreich kommen« (Matthäus, 18, 3). Ich hatte die Wahl: vor den Toren der Hölle zu stehen oder ewig zu leben. An einem Abend traf ich die Entscheidung. Ich bat Gott um Vergebung meiner Schuld; und ich wurde ein völlig neuer Mensch. Liebe ersetzt nun Haß und Neid. Durch Jesus schenkt mir Gott jeden Tag Freude und ein Ziel, für das ich leben kann.

Natalia Boldt, 39 Jahre alt, lebt in Höxter.

»Ich war entschlossen, so zu leben, daß Jesu Tod für mich nicht nötig war.«

In katholischer Familie und Umgebung aufgewachsen, zweifelte ich nie an der Existenz Gottes und an seinem Handeln. Schon als Kind las ich Heiligenbiographien wie die von Franz von Assisi. Besonders beeindruckte mich dabei deren starke persönliche Beziehung zu Jesus, die ich bei mir selbst jedoch vermißte. Meine Beziehung zu Gott stand vorrangig unter dem Aspekt meiner Bemühungen. Jeden Karfreitag erlebte ich als einen Tag peinlichen Schuldbewußtseins. Ich war entschlossen, so zu leben, daß Jesu Tod für mich nicht nötig war.

Gegen Ende meiner Schulzeit wurde die Kluft zwischen meinen Ansprüchen an mich und der Realität – meinem Denken und Verhalten in Beziehungen zu anderen – immer größer. Andere empfanden meine »Frömmigkeit« als unrealistisch und rückten von mir ab. Das gab mir zu denken, und ich fragte mich, was denn eigentlich bei mir nicht stimmte.

Zu dieser Zeit lernte ich Christen kennen, die mir geduldig die Wahrheit buchstabierten, bis ich sie verstanden hatte: Jesus Christus hat mich, die ich nicht in der Lage war, Gottes Gesetz zu erfüllen, von aller Schuld befreit – und zwar vollständig, bedingungslos, einzig aus Liebe. Diese Wahrheit kehrte mein ganzes verkrampftes Glaubensleben um: Nun empfand ich, wenn ich an Jesu Todesleiden dachte, nicht mehr Bedrückung und Scham, sondern eine tiefe Dankbarkeit für seine Liebe, die mich freigemacht hat, ohne irgend etwas von mir zu fordern. Ich begann, ihn zu lieben.

In den folgenden Jahren lernte ich die Bibel, Gottes Offenbarung, kennen und lieben. Die Stimme meines himmlischen Vaters zu hören und von ihm geleitet zu werden ist mir zum Kostbarsten in meinem Leben geworden.

Dorothea Paulat, 33 Jahre alt, lebt in Syke.

»Ich begriff nun endlich, daß ich mir den Himmel nicht verdienen konnte!«

Ich bin aufgewachsen als Sohn eines Landwirts und war zum Hoferben bestimmt. Doch die viele Arbeit auf dem Hof mit einem nicht gerade angemessenen Einkommen begeisterte mich nicht. Reichtum und Wohlstand mit weniger Arbeit – das wurde so zu meinem Lebensziel. »Hilf dir selbst, dann hilft dir Gott«, war ein gern gebrauchter Spruch von mir, obwohl ich meinte, daß niemand mit Sicherheit sagen kann, ob Gott überhaupt existiert. Gott, Himmel, Hölle, Schuld und Verdammnis interessierten mich nicht. Daß ich jetzt und nur einmal lebte – nur das zählte.

1983 schien dann mein Ziel erreicht, als wir unsere Äcker als Bauland gut verkaufen konnten. Von dem Erlös erwarben wir einen Hof von der dreifachen Größe; und ich dachte – fast wie der reiche Kornbauer im Gleichnis der Bibel –: Nun hast du genug gute Böden, baue dein Getreide an, fahre gute Ernten ein, laß es dir gut gehen. Doch in den kommenden Jahren sanken die Preise für Getreide immer weiter; und zwar – so sagte man – wegen der vielen Getreideüberschüsse.

Dieser Meinung war ich ganz und gar nicht. Der Hunger in der Welt nimmt weiter zu, und wir führen in die EU große Mengen Getreide ein aus Ländern, in denen Menschen hungern. Auf der Suche nach Leuten, die derselben Meinung waren wie ich, kam ich nach Wiesbaden zu einer Konferenz der »Europäischen Landwirtskommission«. Dort wurden große moralische Reden gehalten, die mich trafen. Ich hörte von der hohen Verantwortung, die wir gegenüber einer ständig wachsenden Weltbevölkerung als Nahrungsmittelerzeuger haben. Unsere Aufgabe sei es, so viele Menschen wie möglich zu ernähren. So hatte ich das noch nie gesehen. Mir kamen plötzlich die Worte Jesu in den Sinn: »Denn ich bin hungrig gewesen, und ihr habt mir nicht zu essen gegeben.« Meine ganze Selbstgerechtigkeit fiel in sich zusammen. Mir wurde klar, daß Gott mich verurteilen mußte, wenn ich einmal vor ihm stehen würde. Ich beschloß, mein Leben zu ändern. Das Fundament dazu sollte Gottes Wort sein. So wollte ich mir nun den Himmel verdienen. Doch Gottes Wort zeigte mir, daß ich trotz aller Anstrengung scheitern würde. Denn – so las ich: »Aus Gnade seid ihr durch den Glauben gerettet, nicht aus eigener Kraft – Gott hat es geschenkt –, nicht aufgrund eurer Werke« (Epheser 2, 8-9).

Ich begriff nun endlich, daß ich mir den Himmel nicht verdienen konnte. Das hatte Jesus schon lange für mich getan. Ich nahm Jesus als meinen Herrn und Erlöser an. Ich gestand ihm alle meine Schuld und bat ihn um Vergebung. So fand ich Frieden mit Gott. Durch einen Freund fand ich eine bibeltreue Gemeinde. Um nicht nur halbe Sache zu machen, ließ ich mich 1994 taufen.

Alfred Niedermüller, 32 Jahre alt, lebt in Simbach/Inn.

»Neugierig geworden, besuchte ich dann einen Hauskreis.«

Meine Konfirmation war für lange Jahre mein letzter Berührungspunkt mit Kirche und Glauben. Mein damaliger Glaube beschränkte sich darauf, die Existenz »irgendeines höheren Wesens« nicht zu bestreiten. Unangenehme Fragen, wie nach Tod, Sterben oder Sinn des Lebens verdrängte ich.

Vor einigen Jahren lernte ich dann Menschen kennen, die ihren Glauben an Jesus auch in ihrem Leben ausdrückten – eine völlig neue Erfahrung für mich. Neugierig geworden, besuchte ich dann einen Hauskreis, wo man zusammenkam, um gemeinsam in der Bibel zu lesen. Ich besuchte Seminare und Vorträge und schien alles mir bisher Entgangene aufholen zu wollen. Mein Bibelwissen verbesserte sich zwar, dennoch fehlte mir eine gläubige, lebendige Gemeinde. Dann wurde ich zu einem Abend mit dem Pastor und Musiker Jörg Swoboda in die Bremer Kreuzkirche eingeladen. Ich fühlte mich dort sehr wohl und wünschte mir, Mitglied dieser Gemeinde zu werden. Doch ich merkte, daß mir etwas Wesentliches noch fehlte: meine Antwort auf die mir immer deutlicher gewordene Einladung von Jesus, mich ihm ganz anzuvertrauen. Ich sagte Ja zu ihm und machte meine Entscheidung öffentlich.

Seitdem hat sich vieles in meinem Leben geändert, anderes muß sich noch ändern. Auch zukünftig werde ich vor Leid nicht bewahrt bleiben, aber ich weiß, daß mein Leben in der Hand Gottes geborgen ist. Er liebt mich so sehr, daß er seinen Sohn Jesus Christus für meine Schuld am Kreuz sterben ließ. Das gibt mir Vertrauen für die Zukunft und ein Fundament für mein Leben.

Michaela Behrens, 35 Jahre alt, lebt in Bremen.

B wie Bibel

Vielleicht ist Ihnen das beim Lesen der ersten Berichte schon aufgefallen: Die Bibel spielt eine wesentliche Rolle beim Christwerden. Es gilt: Wer A wie Anfang sagt, der muß auch B wie Bibel sagen. Das muß Sie nicht erschrecken. Denn es heißt nicht, daß Sie jetzt gleich die ganze Bibel durcharbeiten sollen.

Doch ich möchte Sie schon dazu ermutigen, die Bibel zu lesen. Warum? Ich will Ihnen zwei Gründe nennen: Für den ersten möchte ich die Bibel selbst zu Wort kommen lassen. Am Ende des Johannes-Evangeliums (Kapitel 20, Vers 31) heißt es: **Die hier aufgezeichneten Berichte wurden geschrieben, damit ihr glaubt, daß Jesus Christus der Sohn Gottes ist, und ihr durch den Glauben an ihn das ewige Leben habt.**

Die Bibel ist also geschrieben, damit wir glauben. Deshalb ist es gut, sie zu lesen. Die Christen wissen: Die Bibel ist Gottes Wort an uns. Damit ist natürlich nicht gemeint, daß die einzelnen Seiten oder gar die Druckerschwärze heilig sind. Sondern wenn wir ohne innere Vorbehalte in der Bibel lesen, erfahren wir, daß Gott zu uns spricht.

Mein anderer Grund: Die Bibel ist die Grund-Urkunde des christlichen Glaubens. Darin sind sich alle christlichen Kirchen einig. Wenn Sie die Bibel lesen, sind Sie also selbst an der Quelle. Sie brauchen sich nicht auf das zu verlassen, was andere zum Glauben sagen.

»Ich pilgerte nach Poona in Indien.«

Meine Kindheit mußte ich in einem streng geführten Heim in Berlin verbringen. Meine Mutter wollte mich nicht. Ich machte den Leuten das Leben so schwer wie nur irgend möglich. Mit 17 wurde ich schließlich vor die Tür gesetzt und landete auf der Straße. Die Polizei steckte mich in ein Heim für Schwererziehbare. Mit 21 wurde ich als UVB entlassen – als unverbesserlich, wie sie das nannten.

Ich lernte in Berlin die Szene kennen, ging auf den Strich, wurde Dealer. Danach kam der philosophische Trip. Ich wollte die Wahrheit kennenlernen – konnte einfach nicht glauben, daß ich wirklich schon alles erlebt haben sollte.

Bagwan-Jünger sprachen mich auf der Straße an und halfen mir zu meditieren. Kurze Zeit später pilgerte ich nach Poona in Indien. Dort kam es zu einem für mich erschreckenden Zwischenfall. Auf einem Inlandflug geriet das Flugzeug außer Kontrolle. Ich hatte wahnsinnige Angst und schrie zu Gott: »Wenn du mich hier lebend rauskommen läßt, dann gehe ich dich im Westen suchen!« Wir konnten sicher landen. Ich fing aber nicht an, Gott zu suchen.

Als Bagwan nach Oregon/USA auswanderte, wollte ich ihm folgen. In Amsterdam machte ich Station. Ein Freund vermittelte mir Unterkunft im christlichen Jugendhotel *»Shelter«* (= Zuflucht). Hier erlebte ich zuerst die Liebe von Christen. Gute Kumpel erzählten mir von Jesus. Das ließ mich nicht mehr los.

Tagelang lief ich durch Amsterdam. Dabei entdeckte ich, wie kaputt die Menschen waren. In ihren Augen konnte ich es sehen. Keiner von ihnen konnte mir helfen. Ich kehrte zurück ins *»Shelter«*. Dort sprach eine Mitarbeiterin mit mir über die Vergebung meiner Schuld. Jesus Christus könne sie mir schenken. Sie machte mir Mut, ihm mein Leben anzuvertrauen. So betete ich: »Herr, mein Leben ist kaputt. Wenn du mich trotzdem haben willst, dann nimm mich jetzt an.« Ich wurde Christ! Auf einem Hausboot wurde ich Mitglied einer christlichen Wohngemeinschaft.

Heute bin ich völlig frei von Drogen und Alkohol. Jesus hat mich davon erlöst. Weil ich weiß, daß Jesus von Bindungen freimachen kann, setze ich meine Kraft und meine Lebenserfahrung dafür ein, daß Menschen zu Jesus finden. Mein Arbeitsplatz ist die Straße – der Ort, wo ich Menschen treffe, deren Probleme ich kenne. Ich will ihnen eine Brücke bauen zu Jesus.

Christ zu sein, das bedeutet für mich, zusammen mit Jesus durchs Leben zu gehen. Ich weiß, daß er mich in meinen Schwierigkeiten nie verlassen wird. Und er hat mir etwas gegeben, was ich noch nie hatte: eine neue Familie – die Gemeinde. Ich gehöre jetzt zu einer Baptistengemeinde, in der ich Menschen erlebe, die mich liebhaben und mir helfen.

Christel Vasic, 44 Jahre alt, lebt in Lingen/Ems.

»Ich meinte, die kommunistischen Ideale seien die einzigen Wertgrößen, an denen ich mein Leben orientieren mußte.«

Für mich existierten weder Gott noch der Teufel, weder Himmel noch Hölle. Ich habe Gott nicht nur geleugnet, sondern ihn auch in meinem Leben und durch meine Tätigkeit vielfach gelästert. Ich meinte, die kommunistischen Ideale seien die einzigen Wertgrößen, an denen ich mein Leben orientieren mußte.

Gott hat das alles zugelassen.

Heute weiß ich, daß er trotz meines sündhaften Lebens seine Hand nicht von mir zurückgezogen hat. Er hat mit mir viel Geduld und Langmut gehabt.

Als dann im November 1989 das kommunistische System zusammenbrach, als die vielen Untaten bekannt wurden, die in diesem System begangen worden sind, brach für mich »meine Welt« zusammen. Ich fühlte mich mitschuldig für das, was geschehen war. Ich hatte ja dieses System mit aufgebaut und hunderte Menschen dafür begeistert. Ich war nicht nur betrogen worden, sondern selbst auch ein aktiver Betrüger gewesen.

Diese Erkenntnisse waren für mich hart und äußerst qualvoll. Verbunden mit einer rapiden Verschlechterung meines Gesundheitszustandes und wachsender Schwierigkeiten und Probleme in meiner Familie führte das alles zu einem psychischen und physischen Zusammenbruch. Das Leben war für mich sinnlos geworden. Ich sah keinen Ausweg mehr.

In diesem Zustand tiefster Not schrie ich in jener Nacht im Januar 1991: »Lieber Gott, hilf mir, rette mich vor dem Abgrund.« Meine Frau warnte mich, Gott zu lästern. Da erneuerte ich meinen Hilferuf. Daraufhin brachte meine Frau eine Bibel, die sie schon drei Jahre im Hause hatte, ohne daß ich davon etwas wußte. Sie hatte bereits zum christlichen Glauben gefunden, aber mir davon nichts gesagt. Nun las sie mir aus der Bibel vor. Als ich dann hörte: »Jesus spricht: Ich bin das Licht der Welt. Wer mir nachfolgt, wird nicht wandeln in der Finsternis, sondern wird das Licht des Lebens haben«, fühlte ich, wie sich in mir so etwas wie ein Krampf löste. Ich sah wieder Licht in meiner Ausweglosigkeit. Dann betete ich das erste Mal mit meiner Frau: »Gott, vergib mir alles.«

Seitdem habe ich viele Bibelstunden und Gottesdienste besucht, um mich mit dem Wort Gottes vertraut zu machen. Ich habe viele gläubige Christen kennengelernt, die mir bei der Suche nach der göttlichen Weisheit geholfen haben. Ich habe viele Stunden mit meiner Frau in der Bibel gelesen. Dabei ist mir folgendes klar geworden:

Ein Leben ohne Gott ist sinnlos. Erst dann, wenn ich vor Gott meine Sünden bekenne und meine Vergangenheit ins reine bringe, bekommt mein Leben einen neuen Wert. Gott ist der einzige, der mir Kraft gibt, mit meinen Problemen fertig zu werden. Ich weiß, er umgibt mich mit seiner Liebe, darum brauche ich mich nicht zu fürchten.

Nun wollen meine Frau und ich, solange wir noch leben, zur Ehre Gottes, im Vertrauen zu Jesus Christus und verbindlich in seiner Gemeinde leben.

Dr. Ernst Welk, 66 Jahre alt, lebt in Rostock.

». . . bis es in der Silvesternacht zum großen Knall kam.«

Wir führten eine nach außen hin gut funktionierende Ehe, doch in unserem Inneren war es leer. Wir gingen zwar als Familie in die Kirche, füllten aber unsere seelische Leere mit Besitz, Geld, Hobbys und Unternehmungen. Mein ungestilltes Liebesbedürfnis stillte ein Freund, bis es mein Mann erfuhr. Wir trennten uns und gingen wegen der Kinder wieder zusammen. Doch unterschwellig kriselte es weiter, bis es in der Silvesternacht 1990 zum großen Knall kam. Als ich beim Streit aus dem Schlafzimmer laufen wollte, schoß mein Mann mit der Pistole auf mich. Die Kugel ging durch die Wirbelsäule. Ich fiel zu Boden und konnte nicht mehr aufstehen.

Nun griff Gott ein. Er schenkte, daß ich meinem Mann sofort von Herzen verzeihen konnte. Mein Mann verständigte selbst die Polizei und wurde festgenommen. Ich kam in die Klinik zur Operation. In der Intensivstation dachte ich, mein Leben ginge zu Ende. Doch ich genas und wurde zur Rehabilitation verlegt. Dann stand es fest: Ich würde querschnittsgelähmt bleiben.

Mein Mann bekam in der Untersuchungshaft eine Bibel in die Hand; und wir spürten eine nie gekannte Verbindung wie in einem Dreieck: zu Gott und zueinander. Er wurde nach 6 Wochen entlassen. Gott wirkte weiter wunderbar. Das Haus konnte in kurzer Zeit rollstuhlgerecht umgebaut werden. Die Strafe wurde auf Bewährung gesetzt. So konnten wir im Oktober '91 wieder als Familie beginnen.

Bald merkte ich: Das neue Leben im Rollstuhl war mühsam und hatte viele Grenzen. Doch Gott schickte mir zu dieser Zeit einen Christen als Krankengymnasten ins Haus. Er hörte mir zu, half mir verständnisvoll und lud mich in seine Gemeinde ein. Dort lernten wir viele Christen kennen, ihren liebevollen Umgang miteinander, ihr Leben und Reden mit Gott, ihren Glauben. Bald bekannten auch wir uns zu Jesus, gingen in den Hauskreis und spürten die Führung Gottes in unserem Leben. Meine Verzweiflung und mein Selbstmitleid wurden weniger. Ich kann nun täglich die Hilfe und Liebe Gottes erleben; ich weiß um meine Vergebung und Heilsgewißheit und bin dankbar meinem Herrn, daß es mir gut geht und ich meine Familie mit Haushalt selbst versorgen kann.

1993 ließen mein Mann, meine 14jährige Tochter und ich uns in der Baptistengemeinde taufen.

Ich weiß heute: »Mein Leben im Rollstuhl hat seinen Sinn, meine Lebensfreude kommt von Gott. Wir wollen ihm als Familie treu sein. Der Herr Jesus ist unsere Mitte und unsere Kraft. Durch seine Liebe können wir uns annehmen und lieben. Unsere Ehe lebt und gedeiht durch ihn.

Clara Schauer, 41 Jahre alt, lebt bei Passau, mit ihrer Familie.

»In viereinhalb Stunden wurde ich von sämtlichen okkulten Bindungen frei.«

Durch meine Mutter wuchs ich in einer Evangelisch-Freikirchlichen Gemeinde auf. Dadurch trug ich das Wissen um den einen Gott von Kind an in mir. Aber ich hatte keine Beziehung zu ihm. Er erschien mir bedrohlich und freiheitsberaubend. Ich wollte mein Leben führen, wie es mir gefällt. Durch meine Vorliebe für ausgefallene Äußerlichkeiten machte ich schnell Bekanntschaft mit den sogenannten Gruftis und Punks. Ebenso schnell aber lernte ich auch Alkohol und Drogen kennen. Ich fing an, Chemikalien zu schnüffeln. In meinem Chemikalienrausch hatte ich bald immer denselben Traum: Jedesmal kam ich näher an ein riesiges, schwarzes Loch, an dessen Eingang sich andere Drogensüchtige befanden. Mir wurde bewußt, daß dies meinen Tod bedeuten sollte, und ich bekam Angst. Ich wollte nicht so enden.

In dieser Zeit stieß ich unverhofft auf eine Karte, die ich am Tage meiner Einsegnung (Konfirmation) erhalten hatte. Damals ahnte ich nicht, welche Bedeutung das darauf stehende Bibelwort für mich haben würde. Es lautete: »Von weit her ist der Herr gekommen. Er sagt: ICH HABE NIE AUFGEHÖRT, DICH ZU LIEBEN, ICH BIN DIR TREU WIE AM ERSTEN TAG, ... ICH GEBE DIR EINEN NEUEN ANFANG ...« Als ich das las, war ich erschüttert und habe lange geweint. Ich klammerte mich an dieses Versprechen Gottes.

Dann kam ich in Kontakt mit Christel, die mich durch meine Kindheit in der Gemeinde begleitet hatte. Äußerlich änderte sich mein Leben nicht. Im Gegenteil: Es traf mich tief, als ich unvorhergesehen schwanger wurde. Ich wußte, ein Töten des Lebens in mir war Mord. Schließlich erklärte ich mich bereit, mit Christel eine christliche Gästetagung zu besuchen.

In den Vorträgen dort erkannte ich, daß es bei mir zum Abbruch okkulter Bindungen und zu einer Lebensbeichte kommen mußte, wenn ich mit Jesus leben wollte. Das löste in mir heftige Angstzustände aus. Ich spürte, wie zwei Mächte um mich kämpften. Ich wollte nicht so nach Hause fahren, wie ich gekommen war. Aber die Vorstellung, all den Dreck meines Lebens auszusprechen, ließ mich erschaudern. Doch dann faßte ich mir ein Herz und sprach eine Seelsorgerin an. In viereinhalb Stunden wurde ich von sämtlichen okkulten Bindungen frei. Nach meiner Lebensbeichte und nachdem ich all denen vergab, die mich verletzt hatten, übergab ich mein Leben Jesus und wurde so ein Gotteskind. Ich dankte Gott für diese Befreiung und schlief total erschöpft und auch erleichtert ein.

Jetzt gehe ich wieder regelmäßig zu den Gottesdiensten. Ich freue mich, mein Leben mit Gottes Hilfe führen zu können; und ich danke ihm, daß er mir meine kleinen Verrücktheiten und meine Individualität bewahrt hat.

Katrin Brause, 23 Jahre alt, lebt in Leipzig.

»Ich habe einen Freund, der immer bei mir bleibt.«

Ich bin in einer nichtchristlichen Familie in Rußland aufgewachsen. Ich hörte zwar von Jesus. Ab und zu las ich auch in der Bibel, aber das war alles. Ich hatte meinen Weg gewählt; und ich wollte keinen anderen Weg kennen. Dann habe ich studiert, geheiratet und ein Kind bekommen. Die Arbeit hat mir Spaß gemacht, aber meine Ehe ging auseinander. Mein Mann hat mich betrogen und mißbraucht. So ließ ich mich scheiden. Von da an wurde es in meinem Innern leer. Meine Seele war kaputt. Ich suchte nach Wärme, nach Zuneigung, und dabei kam ich in eine christliche Gemeinde.

Kurz vor der Ausreise nach Deutschland 1991 wurde ich krank; und mir wurde klar, daß ich Jesus brauche. Aber ich hatte nicht die Kraft, mich ganz für ihn zu entscheiden. Es war ein harter Kampf in mir.

Und dann, an einem Tag, erlebte ich das Wunder: Ich habe mich bekehrt! Plötzlich konnte ich an Jesus glauben. Ich war frei und froh und glücklich! Jetzt weiß ich: Ich habe einen Freund, der immer bei mir bleibt, der mich niemals verläßt, der mich tröstet, der mir immer hilft! Das ist Jesus!

Natürlich geht es jetzt auch nicht ohne Kampf. Aber wenn ich Jesus vertraue, dann bekommt alles im Leben einen Sinn.

Helene Isaak, 29 Jahre alt, lebt in Höxter.

C wie Christus

Auch das wird Ihnen aufgefallen sein: Es geht in den Berichten dieses Buches immer wieder um Jesus Christus.

Warum? Genügt es nicht, sich mit Gott zu befassen? Muß man denn unbedingt an Jesus glauben?

Die einfachste Antwort auf diese Fragen ist sicher diese: Gott will es so! Er will, daß wir durch seinen Sohn Jesus Christus mit ihm in Verbindung treten sollen. Und weil Gott eben Gott ist und kein Mensch, müßte uns das als Antwort eigentlich schon genügen.

Das braucht es aber nicht. Denn die Bibel, die uns Gottes Willen zeigt, sagt nicht nur, **daß** wir an Jesus glauben sollen. Sie sagt uns auch ***weshalb***. Genau genommen ist dies der Hauptinhalt des Neuen Testaments. Deshalb ist es nicht einfach, das in wenigen Sätzen zu sagen. Ich will mich auf einen Gedanken beschränken und die Bibel wieder selbst zu Wort kommen lassen:

»Gott hat die Welt so sehr geliebt, daß er seinen einzigen Sohn hingab, damit jeder, der an ihn glaubt, nicht zugrunde geht, sondern das ewige Leben hat« (Johannes 3, 16).

Dieser Satz enthält drei wichtige Aussagen, die uns helfen können:

1. Gott hat die Welt so sehr geliebt ... Das heißt: Gott liebt alle Menschen – oder besser: jeden einzelnen Menschen. Was wir dabei jedoch bedenken müssen: Deshalb sieht Gott nicht einfach über unsere Fehler hinweg. Das kann er gar nicht; denn Gott ist auch gerecht. Wer gegen seine Gebote verstößt, verdient die entsprechende Strafe – den ewigen Tod. Aber gerade auf diesem Hintergrund ist die erste Aussage wichtig: Gott liebt jeden einzelnen Menschen.

2. ... daß er seinen einzigen Sohn hingab. Das heißt: Gott hat seinen Sohn in diese Welt gesandt. Jesus ist wahrer Gott – und wurde wahrer Mensch. Er lebte auf dieser

Erde wie wir, doch er tat nichts Böses. Trotzdem haben wir Menschen ihn getötet.

3. . . . damit jeder, der an ihn glaubt, . . . das ewige Leben hat. Die Folge des Todes Jesu: Wer an ihn – Jesus Christus – glaubt, hat ewiges Leben. Warum? Jesus hat unsere Schuld getragen. Er, der Unschuldige, hat für meine und Ihre Schuld gebüßt. Deshalb brauchen Sie und ich nicht verlorenzugehen. Gott vergibt uns um Jesu willen – wenn wir an seinen Sohn Jesus Christus glauben.

»Gott? – Utopisch für mich! Mein Gott war Fußball!«

Ein Gespräch mit René Müller, 36 Jahre alt, verheiratet mit Heike; Vater eines Sohnes, Martin. Fußballprofi.

René, es ist allgemein bekannt, daß du Christ geworden bist. Für viele deiner Freunde und Fans ist das unverständlich. Dir ging's doch immer außerordentlich gut.

Das stimmt. Insbesondere im Verhältnis zu anderen DDR-Bürgern genoß ich Privilegien.

Hat die Wende in deinem persönlichen Leben mit der gesellschaftlichen Wende in unserem Land zu tun?

Als der Sozialismus zerbrach, ging auch in meinem Kopf ein idealistisches Kartenhaus kaputt. Die atheistische Philosophie war ja bis dahin ein Teil meines Denkens.

Wie dachtest du in der Zeit über Gott?

Gott? – Utopisch für mich! Mein Gott war Fußball. Fußball war Gott.

Wie lebte es sich mit dieser Grundhaltung?

Zunächst recht gut. Ich war ehrgeizig, hatte Ziele und Erfolg.

Dem kann ich nur beistimmen. Mit dem 1. FC Lok Leipzig warst du DDR-Pokalsieger, hattest große Spiele im europäischen Pokalwettbewerb, warst 46mal DDR-Nationaltorwart, häufig deren Kapitän. Erfolge, von denen viele nur träumen.

Das ist wohl wahr. Und trotzdem blieben viele Wünsche unerfüllt. Ich wurde mit Lok niemals DDR-

Meister, nahm an keiner Olympiade oder Fußball-Weltmeisterschaft teil.

René, was gab eigentlich den Impuls zu einer Neuorientierung in deinem Leben?

Trotz aller Erfolge verblieb in meinem Inneren eine unerklärliche Leere. Mein Vater wurde sehr krank. Er hatte Krebs. Das wühlte mich auf. Mich beschäftigten viele Fragen nach dem Sinn des Lebens und Sterbens. Ich hatte keine Antwort.

Die Beschäftigung mit einer solchen Thematik führt aber nicht zwangsläufig zum Glauben an Gott. Wie kam es bei dir dazu?

Das geschah durch eine Reihe von Begegnungen und Erfahrungen. – Ich denke zunächst an unser Spiel gegen Bayer Leverkusen. Als unsere Mannschaften Aufstellung genommen hatten, kam der Kapitän von Bayer, der Brasilianer Jorginho, auf mich zu und übergab mir vor den Tausenden von Zuschauern eine Bibel.

Und deine Tuchfühlung zu diesem Buch?

Ich war zunächst neugierig. Ich las und las. Auf unseren Reisen im Bus, im Bett, bei allen Gelegenheiten griff ich danach. Ich verstand vieles nicht. Trotzdem ahnte ich: Wenn es einen Gott gibt, durch dieses Buch war er in meinem Leben am Ball. Ich glaube, er hatte damals schon unhaltbar für mich »abgedrückt«. Es stand 1:0 für ihn. Aber meine Abwehr war noch nicht gebrochen.

Sehe ich es also richtig, René, daß du durch das Lesen der Bibel zum Glauben kamst?

Gott gebrauchte auch seine Leute dazu.

An welche denkst du?

Da war hauptsächlich Jorginho. Einen wesentlichen Stellenwert hatte aber auch Oliver Pagé. Er war als Fußballprofi von Bayer Leverkusen zu Dynamo gekommen. Nicht lange vorher hatte er in einem Bibelkreis, der in Jorginhos Wohnung stattfand, zum Glauben an Christus gefunden. Er sah mich in der Bibel lesen, hörte sich meine Fragen und Probleme an.

Sein Kommentar: »René, du brauchst Jesus. Nimm ihn in dein Leben.« – »Wie soll sich sowas ereignen?« fragte ich zurück. »Komm mit«, sagte er, »in unserem Bibelkreis für Sportler kann dir das jemand besser erklären als ich.« Auf diese Weise lernte ich einen Mitarbeiter von »Sportler ruft Sportler« kennen. Der zeigte mir anhand der Bibel den Weg, wie ich Christ werden könnte, wenn ich es aufrichtig wünschte. Der Zeitpunkt war herangereift. Ich wollte. Ich erkannte die Bedeutung Jesu bei diesem Geschehen. Ich bekannte ihm meine Sünde, bat um Vergebung meiner Schuld und lud ihn ein, Herr meines Lebens zu sein.

Welche Konsequenzen hatte das für dich?

Eigentlich war nichts anders. Und doch wurde manches anders. Ich hatte eine andere Perspektive zu den Problemen.

Zum Schluß, René: Welchen Bibelvers stellst du als Leitvers über dein Leben?

Inzwischen habe ich so viele Bibelverse schätzen gelernt, so daß es mir schwerfällt, einen einzigen hervorzuheben. Eine besondere Perle ist Johannes 3,16: »Also hat Gott die Welt geliebt, daß er seinen eingeborenen Sohn gab, auf daß alle, die an ihn glauben, nicht verloren gehen, sondern ewiges Leben haben.« Ich freue mich über das Geschenk des Glaubens. Darüber hinaus wurde mir Johannes 3,36 wichtig: »Wer an den Sohn Gottes glaubt, hat ewiges Leben; wer aber dem Sohn Gottes nicht gehorcht, wird das Leben nicht sehen, sondern der Zorn Gottes bleibt auf ihm.«

René, danke für das Gespräch.

Im Gespräch mit René Müller war Gottfried Zimmermann aus Dresden.

»Mir wurde besonders deutlich, daß Jesus der Mittelpunkt des Glaubens ist.«

Durch mein Elternhaus war für mich der christliche Glaube selbstverständlich. Trotzdem hatte ich nie eine persönliche Beziehung zu Jesus und Gottes Wort.

Einige Jahre nach meiner Heirat zog ich von Bremen nach Heidelberg. Dort wurde ich im Laufe der Jahre immer unglücklicher. Ich fühlte mich in meiner Ehe dadurch überfordert, immer perfekt sein zu müssen, und verlor mein Selbstvertrauen. Gott war mir sehr fern. Bis ich vor acht Jahren einen Vortrag des ehemaligen Gurus Maharaj hörte, der sich zum Christentum bekehrt hatte. Mir wurde besonders deutlich, daß Jesus der Mittelpunkt des Glaubens ist. Das hatte ich bisher nicht so sehen können. Wenn ich jetzt meine Eltern in Bremen besuchte, ging ich mit ihnen zum Gottesdienst.

Dann stand ich 1987 vor den Scherben meines bisherigen Lebens. Mein Mann hatte eine Freundin und wollte nun prüfen, ob er mit ihr besser leben konnte als mit mir. Da ich meinen Mann sehr liebte, fühlte ich Schmerz wie noch nie zuvor.

Unterwegs fand ich in einer Kirche die Einladung Jesu: »Kommt her zu mir alle, die ihr mühselig und beladen seid.« Von da an gab ich mein Leben ganz in seine Hand, fand Vertrauen zum Weiterleben, bekam neues Selbstbewußtsein und den Wunsch nach einer Gemeinde. Durch »Zufall« kam ich in die Baptistengemeinde Weinheim. An einem der Bibelabende dort wurde mir überwältigend klar, daß Jesus mich nicht nur jetzt begleitet, sondern auch in der Ewigkeit für mich eintritt. Er hat mich durch sein Blut erlöst.

Das Bewußtwerden dieser unfaßbaren Liebe hat mein Leben verändert. Sie macht mich froh, gibt mir eine positive Lebenseinstellung und den Mut und das Bedürfnis, anderen von Jesus zu erzählen. Ich konnte auch meinem Mann vergeben. Wir leben seit vier Jahren wieder zusammen.

Jeden Tag begebe ich mich in Gottes Hand. Auch jetzt noch berühren mich Leid und Schmerz, aber ich bin nicht mehr verzweifelt oder depressiv, nur traurig darüber.

Barbara Klase, 54 Jahre alt, lebt in Weinheim.

»Auf eine Stimme vom Himmel, auf ein besonderes Ereignis, auf ein Hochgefühl habe ich vergeblich gewartet.«

Meine Eltern waren Christen und gehörten zu einer lebendigen Gemeinde. Sie haben mich christlich erzogen, zur Sonntagsschule geschickt und zu den Gottesdiensten mitgenommen – letzteres mehr, als mir lieb war. So war es für mich nie eine Frage, daß ich an Gott glaubte und mit Jesus leben wollte. Heute würde ich sagen, daß ich von Kind an bewußt Christ war.

Dennoch bin ich damit nicht zur Ruhe gekommen. Ich wußte nicht, ob Gott mich als sein Kind angenommen hatte oder ob ich nach meinem Tode von Gott getrennt und verloren sein würde. Ich habe viel zu Gott gebetet, daß er mich annehmen möchte. Aber auf eine Stimme vom Himmel, auf ein besonderes Ereignis, auf ein Hochgefühl habe ich vergeblich gewartet. Es war auch niemand da, der meine Not erahnt und mir geholfen hätte.

Als ich 16 Jahre alt war, fragte mich jemand, ob ich denn wohl auch Christ sei. Ich zuckte die Achseln und machte mich aus dem Staub. Aber da war die Frage wieder: Was würde nach meinem Tode sein? Wieder habe ich gebetet, zu Gott gerufen, bis ich darüber einschlief. Als ich am anderen Morgen erwachte, wurde die Erinnerung an den Vorabend lebendig, die Frage des anderen, mein Beten. Und dann hatte ich plötzlich eine Bibelstelle im Kopf, wo Jesus spricht: »Siehe, ich stehe vor der Tür und klopfe an. Wenn jemand meine Stimme hört und die Tür öffnet: Zu dem werde ich eingehen und mit ihm Abendmahl feiern« (Offenbarung 3, 20). Da war die Antwort von Gott. Ich hatte ja geöffnet, denn ich hatte gebetet und ihn eingeladen. Weil Gott nicht lügt, lebte er nun in mir; ich war sein Kind.

Damals ging es darum, was nach dem Tode sein würde. Heute ist wichtiger für mich, daß ich jeden Tag, jede Minute mit Jesus lebe, daß er da ist, daß er mich nicht allein läßt. Ich darf Hoffnung haben für mein Leben und für die Welt. Ich muß nicht um meinen Stellenwert kämpfen, auch nicht im Beruf. Meinen Wert habe ich, weil ich Gottes Kind bin, weil er mich liebt. Ich weiß, daß er mich in bestimmte Aufgaben berufen hat. Aber etwas ist vielleicht noch wichtiger: daß auch in der Familie Jesus der Mittelpunkt ist und daß mein Beruf aus dem Vertrauen auf Gott Sinn und Inhalt gewinnt.

Manfred Brünninghaus, 58 Jahre alt, lebt in Essen.

»Ich wurde Spieler in Gottes Team.«

Eishockey ist ein Mannschaftssport; und genauso, wie das Team auf mich angewiesen ist, brauche ich die Mannschaft. Ich bin kein Einzelsportler, sondern Teil des Teams. Ich weiß, daß ich nicht allein auf dem Eis bin, obwohl ich ab und zu einem Alleingang begegnen muß. Ich denke, daß es im übrigen Leben genauso ist. Wenn jemand versucht, allein durchzukommen, kann man ihn mit einem Torwart vergleichen, der der gegnerischen Mannschaft ganz allein gegenübersteht. Und das bringt viele Schwierigkeiten mit sich. Aus diesem Grund traf ich schon sehr früh in meinem Leben die wichtigste Entscheidung, die ein Mensch zu treffen hat: Ich wurde »Spieler in Gottes Team« und schenkte ihm mein Leben.

Jesus machte mir ein »Super-Angebot«, und ich nahm es an. So wurde ich ein Kind Gottes, wie die Bibel es nennt. Von dem Zeitpunkt an, an dem Christus der Herr in meinem Leben wurde und die Führung übernommen hat, konnte ich Gottes Großzügigkeit und Hilfe an vielen Dingen ablesen. Er schenkte mir eine wunderbare Frau und zwei prächtige Kinder. Und Gott ermöglichte es mir auch, meinen Lebensunterhalt als Eishockeyspieler zu verdienen.

Was aber noch viel wichtiger ist: Aufgrund meiner Entscheidung, Jesus mein Leben anzuvertrauen, kamen seine Liebe und sein Friede in alle meine Lebensbereiche hinein. Solcher Friede war mir vorher unbekannt. Er »übersteigt all unser Verstehen und unsere Vernunft«. In der Bibel kann man das in Philipper 4, Vers 7 nachlesen.

Reporter, Teamkameraden und Fans haben mich des öfteren gefragt, wie ich unter dem großen Leistungsdruck ruhig bleiben kann, auch wenn es um mich herum so »heiß« hergeht. Die Antwort ist einfach, und sie hat zunächst nichts mit meiner Leistung zu tun. Als ich das Angebot von Jesus Christus annahm, vergab er mir meine Schuld und schenkte mir den Frieden Gottes. Dadurch bin ich zu dieser Ruhe gekommen.

In diesem Frieden liegt auch Freude, egal ob ich gewinne oder verliere, ob ich gut oder schlecht spiele. Denn dabei weiß ich, daß mir alle Umstände dazu dienen müssen, mich als Sportler zu verbessern. Das kommt immer der Mannschaft zugute.

Auch in anderen Lebensbereichen muß ich mich nicht mit unnötigen Sorgen abquälen, weil Gott die Kontrolle über mein Leben hat. Gerade das befähigt mich, meine Begabungen und Leistung optimal zu entwickeln.

Karl Friesen, Eishockey-Nationaltorwart, 37 Jahre alt, lebt in Rosenheim.

»Mein Leben schien mir wie Sand durch die Finger zu rieseln.«

»Leute, die in die Kirche gehen, sind nicht auf der Höhe der Zeit.« So dachte ich noch vor einigen Jahren. Als Kind war ich zwar getauft worden, hatte aber keinerlei Beziehungen zu Christen oder einer Kirche. Im Gegenteil: Mein Vater war Mitglied der SED, und so war es für mich nur selbstverständlich, auch in diese Partei einzutreten. Schließlich war ich mein Leben lang durch Eltern und Schule entsprechend geprägt worden.

Als dann die Frage nach dem Sinn meines Lebens immer brennender wurde, bekam ich nur unzureichende und oberflächliche Antworten. Das war kein richtiges Fundament. Dann befaßte ich mich mit ostasiatischen Kampfsportarten und den dahinterstehenden Philosophien und Religionen. Anfangs war ich schwer beeindruckt, fand aber wenig später heraus, daß auch dieses Fundament nicht trägt. Mein Leben schien mir wie Sand durch die Finger zu rieseln.

Ein junges Mädchen, das ich im Urlaub kennen und lieben lernte, erzählte mir zum ersten Mal von Jesus. Ihr zuliebe ließ ich mich auf diese neuen Gedanken ein. Bald merkte ich, daß hier viel mehr Tiefe war, als ich vorher annahm. Ende 1988 starb mein Vater an Lungenkrebs. An seinem letzten Abend betete ich zu dem mir noch unbekannten Gott.

Die Beziehung zu dem jungen Mädchen hielt nicht; aber mir wurde plötzlich klar, daß ich ganz existentiell von Gott abhängig bin. Ich hatte nie danach gefragt, sondern mein Leben bisher allein bestimmt. Gott war mir egal. Ich schrie: »Gott, vergib mir und hilf mir!« – Er tat es.

Heute erlebe ich, wie Jesus Christus konkret in mein Leben eingreift und es reich und glücklich macht. Durch ihn bekam ich Kontakt zu einer Gemeinde, durch ihn lernte ich meine Frau kennen und erlebe Entscheidungshilfen und Beistand in Problemsituationen. Jesus lebt, und ich weiß: Es lebt sich gut an seiner Seite.

Thorsten May, 32 Jahre alt, lebt heute in Hamburg.

»Wir haben ganz konkret Heilung in unserer Beziehung erfahren.«

Ich bin in einem christlichen Elternhaus aufgewachsen. Von daher war mein Glaubensweg ein Stück vorgezeichnet. Eine persönliche Beziehung zu Jesus hatte ich aber in meiner Kindheit und Jugend nicht.

Mit ungefähr 16 Jahren fing ich an, meine eigenen Wege zu gehen. Ich entfernte mich von der Gemeinde, die ich bis dahin mit meinen Eltern besucht hatte. Zu Gott nahm ich eine neutrale Stellung ein – so nach dem Motto: nicht dagegen, aber auch nicht dafür. So lebte ich circa 10 Jahre, bis eine Krise diese Unverbindlichkeit beendete.

Damals war ich mit meinem jetzigen Ehemann verlobt. Meine Vorstellung von unserer Verbindung war, daß wir eines Tages heiraten würden. Für meinen Mann war das jedoch nicht so klar. Für ihn war ein Zusammenleben ohne Trauschein genauso denkbar. An diesem Problem drohte unsere Beziehung zu zerbrechen.

Im Mai 1988 fand in Bremen eine Zeltkirche statt. Überall standen Plakate mit dem Slogan: KOMM und NIMM, was Gott Dir gibt: NEUES LEBEN«. Ich besuchte an mehreren Abenden das Zelt; und auch mein Verlobter ging mit. Dort traf mich Gottes Wort wie ein Hammer. Mir wurde klar, daß es nur einen Weg für mich gab: Ich mußte (und wollte) Jesus mein Leben übergeben. Am letzten Abend geschah das Wunder. Als zur Entscheidung für Christus aufgerufen wurde, übergaben wir beide in einem Gebet unser Leben Jesus Christus.

Von diesem Tag an ist unser Leben neu geworden. Ein halbes Jahr später haben wir geheiratet.

Inzwischen sind ein paar Jahre vergangen; und wir staunen darüber, wie Jesus uns führt. Wir haben ganz konkret Heilung in unserer Beziehung erfahren. Ich freue mich zu wissen, daß mein und unser Leben in Jesu Händen liegt. Auch wenn es nicht immer problemlos verläuft, wissen wir doch: Jesus meint es gut mit uns!

Birgit Noe, 36 Jahre alt, lebt in Bremen.

D wie diverse Ausdrücke

Es gibt sie tatsächlich: Begriffe, Wörter, Ausdrücke, die nur Christen verstehen. Natürlich haben wir versucht, sie in diesem Buch zu vermeiden. Doch ganz ist das nicht gelungen. Deshalb versuche ich hier, drei wichtige zu erklären.

Evangelisation: Gemeint ist das Bekanntmachen des Evangeliums, also der guten Nachricht von Jesus Christus. Manchmal bezeichnen Christen auch eine Veranstaltungsreihe als Evangelisation, die sich besonders an Noch-nicht-Christen wendet und sie zum Glauben an Christus einlädt.

Wenn eine solche Veranstaltungsreihe nicht in einem Gemeindehaus, sondern in einem großen Zelt stattfindet, sprechen Christen vom Missionszelt oder Evangelisationszelt.

Gästetagung: Meistens ist das eine Wochenendtagung in einem schön gelegenen Gästehaus. Eine kleine Gruppe aus Christen und Noch-nicht-Christen trifft sich dort. Der Referent erklärt das Evangelium. Es ist aber viel Zeit für Fragen der am Glauben Interessierten und für Einzelgespräche.

Hauskreis: Ein regelmäßiges Treffen einer Kleingruppe in einem Privathaus. Die Gruppe besteht aus Christen oder oft auch aus Christen und am Glauben Interessierten. Es geht einmal um das Gespräch über einen Bibeltext. Dabei wird nicht nur der Text erklärt, sondern auch immer gefragt: Was bedeutet das für mein Leben, für meinen Alltag?

Aber zu jedem Hauskreis gehört auch eine herzliche Gemeinschaft, in der sich jeder schnell wohlfühlt, weil er sich angenommen und ernstgenommen weiß. Jeder gute Hauskreis gehört auch zu einer christlichen Gemeinde. Deshalb fragen Sie doch – wenn Sie Interesse daran haben – in einer lebendigen christlichen Gemeinde nach einem für Sie passenden Hauskreis.

»Was ich erhielt, ist mehr, als ein erfülltes Leben bieten kann.«

Jens Placke ist in der ehemaligen DDR aufgewachsen. Mit 18 Jahren wird er Mitglied der SED. Bald beginnt er ein Medizinstudium mit dem Ziel des Militärarztes. Außerdem ist er auf einer Offizierschule. Der Marxismus/Leninismus scheint ihm die einzig wahre philosophische Lehre zu sein.

Nach 1989 erlebt Jens Placke dann eine schwere Zeit. Sein kommunistisches Weltbild zerbricht; und seine Ehe geht kaputt.

In dieser Situation erinnert er sich an eine Mitarbeiterin, die ihn schon vor der Wende auf Jesus Christus hingewiesen und ihn in ihre Gemeinde eingeladen hatte. Durch sie wird er Christ. Er schreibt:

Als ich Jesus Christus in mein Herz ließ, veränderte sich mein Leben. Ich habe erlebt, daß Gott für jeden Menschen da ist, daß es einen Weg zu ihm gibt: Jesus Christus. Er nahm am Kreuz die Schuld dieser Welt und meines Lebens auf seine Schultern. Als ich Jesus um Vergebung bat, erhielt ich eine ganz persönliche Beziehung zu Gott. Ich empfand das wie eine Bankrotterklärung an die eigene Vergangenheit – aber nur auf den ersten Blick. Denn was ich erhielt, als ich die Schuld und die Falschheit meines bisherigen Lebens erkannte, sie Jesus brachte und um Vergebung bat – das ist mehr, als ein erfülltes Leben bieten kann. Das ist wie ein Gefühl des Erleichtertseins, als ob man neu geboren wird; wie ein Gefühl des Geliebtseins, als ob man tadellos ist.

Das bedeutet nicht, daß ich seitdem keine Fehler mehr mache. Aber ich habe Jesus Christus als den Herrn meines Lebens. Er leitet mich, wo ich zweifle; er richtet mich auf, wo ich verzweifle; und er vergibt mir, wo ich verzweifelt bin. Das habe ich, seit Jesus mein Herr ist, mehrfach erfahren – ob es im Studium, in Beziehungen zu anderen Menschen oder in der Gemeinde ist. Keine Macht der Welt ist so mächtig wie Jesus. Keine Liebe ist so lieb wie Jesus. Keine Gesellschaftsordnung der Welt ist so gerecht, wie Jesus es ist.

Heute kann ich voller Dankbarkeit sagen: »Als ich den Herrn suchte, antwortete er mir und errettete mich aus aller meiner Furcht« (Psalm 34,5). Dieser Bibelvers ist zugleich mein Taufspruch geworden.

Jens Placke, 27 Jahre alt, lebt in Rostock.

»Mir fehlte Gemeinschaft mit anderen bewußten Christen.«

Durch meine Familie wuchs ich in eine landeskirchliche Gemeinde hinein. So besuchte ich als junger Jugendlicher regelmäßig den Gottesdienst. Mein Interesse an Gottes Wort war sehr groß; und nur selten verpaßte ich eine Predigt. Doch über die Einstellung eines bloßen Interesses an Gott und der Bibel kam ich nicht hinaus.

Das änderte sich erst, als ich von einem Freund eine christliche Informationsschrift erhielt. Ich las sie sofort ganz durch. Mir wurde klar: Es gibt mehr als nur Interesse für Gott. Jesus lebte nicht nur früher, sondern er lebt auch heute. Er will heute Menschen erreichen und verändern. Durch das Heftchen lernte ich, daß aber eine persönliche Entscheidung für Jesus notwendig ist. Ich wollte Gott für alles danken, was ich gerade erfahren hatte, und ein Leben mit ihm beginnen. Deshalb betete ich. Ich entschied mich für ein Leben mit ihm, nahm sein Angebot der Sündenvergebung an und bat Jesus, in mein Leben zu kommen und mich zu verändern.

In der folgenden Zeit wurden mir Beten und Bibellesen immer wichtiger. Jedoch fehlte mir Gemeinschaft mit anderen bewußten Christen.

Durch mehrere Umzüge wegen meines Studiums lernte ich verschiedene Gemeinden kennen. Ich besuchte die Gottesdienste und fühlte mich zu Gottes Wort hingezogen. Aber über den »Besucher-Status« kam ich nicht hinaus. Dann lernte ich an der Uni christliche Studenten kennen. Der regelmäßige Austausch mit ihnen war für mich enorm wichtig und hilfreich. Ich schloß mich einem Hauskreis und schließlich einer Gemeinde an. Ich bin dankbar, diese Christen kennengelernt zu haben und vorher nicht vom Glauben abgekommen zu sein. Gottes Wort zog mich immer an. Es ist wirklich kraftvoll. Auch jetzt lese ich gern darin und lasse mich davon ausrichten.

Mittlerweile habe ich viel mit Jesus erlebt. Er war mir stets nahe in der Zeit des Studiums. Bei missionarischen Einsätzen konnte ich von Jesus erzählen. In vielen anderen Lebenssituationen konnte ich darauf vertrauen, daß Jesus es gut mit mir meint.

Matthias Kettler, 28 Jahre alt, lebt in Bremen.

»Ich habe Befreiung von Ängsten erfahren.«

Bevor ich Christ wurde, sah ich die Kirche nur während des Konfirmandenunterrichts oder zu Weihnachten von innen. Das damals Gehörte sprach mich nicht an; es waren leere Worte für mich. Ich suchte in einigen Büchern nach der Wahrheit und dem Sinn des Lebens, aber durch die unterschiedlichen Aussagen wurde ich nur verwirrt.

Durch einen Freund kam ich dann in eine Baptistengemeinde. Dort fiel mir gleich die Herzlichkeit untereinander auf. Ich fing an, über Jesus zu hören; und ich begann, in der Bibel zu lesen. Ich erkannte, daß es sich um lebendige Worte handelt. Ich begriff, daß es darauf ankommt, Jesus nachzufolgen. Ein Satz der Bibel gewann immer mehr Bedeutung für mich. Dort sagte Jesus: »Ich bin der Weg und die Wahrheit und das Leben; niemand kommt zum Vater außer durch mich« (Johannes 14,6).

Dann habe ich mich, während ich mit einer Freundin betete, für Jesus entschieden. Bald darauf wurde ich getauft.

Seitdem bin ich offener geworden und habe Befreiung von Ängsten erfahren. Ich weiß: Jesus ist bei mir, was immer auch passiert.

Christine Weingärtner, 30 Jahre alt, lebt in Lilienthal bei Bremen.

»Ich habe beobachtet, daß man mit Gott reden kann.«

Die Ausprägungen meines Lebenslaufes werden zusammengehalten durch einen Überbegriff: *Ich bin zuallererst Christ.* Allerdings wurde ich nicht als Christ geboren. Meine christlichen Eltern haben mir das Christentum – so auch die Bibel – nahegebracht. Mein Vater hat gebetet. Ich habe beobachtet, daß man also mit Gott reden kann. Diese Beziehung zu Gott habe ich dann ganz persönlich im Alter von 11 Jahren erfahren. In einer Versammlung habe ich die Botschaft von Jesus Christus deutlich gehört. Ich habe gemerkt: Dein Leben kann so nicht weitergehen, es kann verändert werden – und zwar von Gott her.

Es ist schwer zu beschreiben, was einem Kind dabei durch den Kopf und durch das Herz geht. *Im Gebet habe ich mich Gott ausgeliefert!* Vielleicht habe ich schon etwas von Schuld und Sünde gekannt. Aber dieses, was mich dann erfüllte, ist schwer zu beschreiben: der Friede, das Gefühl der Vergebung, daß Gott da ist, daß jemand von mir Besitz ergreift, daß man ein gewisses Glücksgefühl hat.

Solches Geschehen mag für einen anderen völlig anders aussehen. *Ich bin überzeugt davon, daß Gott in jedem Menschen spricht, wenn man ihn bittet, und daß Jesus im Herz eines jeden Menschen Platz nimmt und dort aufgenommen werden kann.*

Heute kann ich das alles mit theologischen Worten vielleicht einfacher sagen: Der Geist Gottes verändert einen Menschen und bringt ihn dazu, »Ja« zu sagen zu dem, was Gott für uns Menschen auf der Erde getan hat. Daß man Jesus Christus als seinen Heiland annimmt, ist nichts Theoretisches. Das ist etwas, das im Leben eines jeden Menschen erfahrbar wird, das dieses Leben verändert.

Nach so vielen Jahren kann ich mich immer noch daran erinnern, daß dieses auch unter vielen Veränderungen und vielen Anfechtungen gehalten hat bis heute. Dieser »Christ Deichmann« ist damals dadurch geworden, daß Gott an mir gewirkt hat. Damals habe ich Gott gebeten, in mir zu wohnen. Daß dieses angehalten hat, hängt nicht von meinem Willen oder meinen Fähigkeiten ab. Das hängt damit zusammen, daß Gott Jesus Christus auf die Erde gesandt hat. Er ist für uns gestorben und ist damit unser Heiland. *Jesus Christus steht bereit, das Leben eines jeden Menschen neu zu machen.*

Dr. Heinz-Horst Deichmann, 68 Jahre alt, lebt in Essen.

»Erst jetzt bemerkte ich, wie kalt die Welt geworden war.«

Ich genoß eine gute Erziehung. Sonntags ging ich in die Kirche, nicht um Gott zu danken, sondern weil ich beigebracht bekam, daß »man« am Sonntag in die Kirche geht.

Je älter ich wurde, desto seltener besuchte ich den Gottesdienst, und irgendwann verlor ich ganz das Interesse daran.

Nach meinem Schulabschluß begann ich eine Lehre in einem technischen Beruf. In der Berufsschule lernte ich einen Lehrer kennen, der mir wegen seiner freien Art, den Unterricht zu gestalten, auffiel. Er empfahl der Klasse das Buch »Haben oder Sein« von Erich Fromm. Ich kaufte mir es und begann zu lesen.

Es weist auf die moderne Mentalität des Menschen hin, alles besitzen zu wollen. Zurückblickend muß ich sagen, daß dieses Buch entscheidenden Anteil an meinem heutigen Christsein hat; denn es machte mich nachdenklich. Erst jetzt bemerkte ich, wie kalt die Welt geworden war. Berichte über Menschenrechtsverletzungen und Katastrophen fielen mir auf einmal besonders auf und frustrierten mich. Ich begann, Gedichte zu schreiben, um meinen Gefühlen Ausdruck zu verleihen.

Aber das stillte noch nicht meine Sehnsucht nach Geborgenheit. Über Gott und Jesus dachte ich immer öfter nach; und ich begann, in der Bibel zu lesen. Am meisten faszinierte mich die Bergpredigt. Sie tröstete mich.

Als ich zur Bundeswehr kam, hatte ich Angst vor der Kälte in der Kaserne. Aber ich gewöhnte mir an, nach Dienstschluß zu beten und in der Bibel zu lesen. Auf diese Weise lernte ich das Neue Testament kennen.

Immer mehr spürte ich die Liebe Jesu, und sie wurde mir zu einem Bedürfnis.

Nach dem Wehrdienst wuchs in mir der Wunsch nach Gemeinschaft mit Christen. Auch dabei half mir Gott. Sein Weg führte mich zu einer Studentengemeinde, durch deren Hilfe ich eine Baptistengemeinde kennenlernte. Von der Liebe, die mir die Christen dort entgegenbrachten, war ich überwältigt. Und auch die Gottesdienste waren so lebendig! Ich spürte ziemlich schnell, daß in dieser Gemeinde der Geist Gottes zu Hause war.

Mit der bewußten Taufe ging für mich ein Traum in Erfüllung: Ich bekannte öffentlich meinen Glauben und beschloß aus Liebe, Jesus mein Leben zu übergeben.

Stefan Treutler, 24 Jahre alt, lebt in Nettetal.

»Mein Kinderglaube zerbrach bald.«

Als Kind und als Teenager dachte ich, ich sei Christ. Schließlich war ich als Baby getauft; und als Kind betete ich oft. Die Konfirmation nahm ich sehr ernst. Doch mein Kinderglaube zerbrach bald danach. Ich entdeckte, wie leicht es war, kritische Fragen an den Glauben zu stellen. Und kein Christ schien mir überzeugende Antworten zu geben. Freilich – so sehe ich es heute: Ich wollte gar keine wirklichen Antworten.

Doch in der Tiefe meines Herzens suchte ich nach Sinn und Ziel. Ich wußte auch, was ich wollte und was mir nur der Glaube geben konnte: ein Leben mit Sinn, den Segen Gottes und die Gewißheit, daß mit dem Tode nicht alles aus sei. Das war ein gutes Ziel – doch wie sollte ich es erreichen? Ich war ja gar nicht losgelaufen.

Ich war 24, als ich begriff: ohne Start kein Ziel. Ich mußte erst anfangen, erst Christ werden! Das verstand ich, als ich endlich die Bibel ohne Vorbehalte las. Da erkannte ich: Jesus Christus ist Ziel und Weg. Und da begriff ich: Jesus will das alles geben; er will es mir sogar schenken. Da griff ich zu. Ich begann, an Jesus zu glauben, zu ihm zu beten, mit ihm zu leben. Das war der richtige Start.

Seitdem bin ich Christ. Und seitdem bin ich unterwegs zwischen Start und Ziel. Seitdem ist mein Leben im guten Sinne ausgefüllt und nie langweilig. Ein Wort der Bibel ist mir je länger, je wichtiger geworden. Jesus sagt: *Wenn ihr Gott in eurem Leben stets den ersten Platz gebt, wird er euch alles geben, was ihr braucht* (vgl. Matthäus 6,33). Unterdessen ist mir das zu einer oft geprüften Erfahrung geworden. Gott schenkt tatsächlich, was wir brauchen – und viel mehr! –, wenn wir ihm mit ungeteiltem Herzen dienen.

Ich bin weiter auf dem Weg zu einem guten Ziel. Ein lohnender Lebens-Lauf.

Bodo Riedel, 61 Jahre alt, lebt in Bremen.

E wie **e**inige Hilfen zum Christwerden

Der Weg zum Glauben sieht bei den einzelnen Menschen verschieden aus. Das zeigen die Berichte dieses Buches deutlich. Doch es gibt einige Grund-Schritte, die für uns alle gelten. Beim Lesen der Bibel stoßen wir immer auf solche Schritte. Hier sind fünf aus der Bibel abgeleitete Grundschritte zum Glauben:

1 Gott liebt Sie!

Gemeint sind Sie, liebe Leserin, lieber Leser, ganz persönlich! Gott kennt Sie mit Namen. Er liebt Sie und bietet Ihnen an, noch mal anfangen zu können: Ein neues Leben, das sinnerfüllt und ewig ist! Jesus sagt das so: **»Ich bin gekommen, damit sie das Leben und alles in Fülle haben sollen«** (Johannes 10,10 LÜ). Das heißt zum Beispiel: Ihr Leben soll Frieden und Ausrichtung haben statt Ruhe- und Ziellosigkeit.

Dieses neue Leben ist auch ewig! Die Bibel dazu: **»So sehr hat Gott die Welt geliebt, daß er seinen einzigen Sohn dahingab, damit alle, die an ihn glauben, nicht verlorengehen, sondern das ewige Leben haben«** (Johannes, 3,16 LÜ75). Ihr Leben als Christ endet also nicht mit dem Tode. Sie haben Zukunft.

2 Gott schenkt Ihnen das neue Leben durch Jesus Christus.

Jesus ist der Beweis für Gottes Liebe. Er hat als Unschuldiger den Tod am Kreuz auf sich genommen – für uns. Die

Anmerkung: Die Angaben hinter den Bibelzitaten bezeichnen die jeweilige Übersetzung der Bibel: LÜ = Lutherübersetzung; LÜ75 = Lutherübersetzung, revidierter Text 1975; GN = Die Gute Nachricht – Die Bibel in heutigem Deutsch; HfA = Hoffnung für alle.

Bibel dazu: »**Gott aber erweist seine Liebe zu uns darin, daß Christus für uns gestorben ist**« (Römer 5,8 LÜ).

Deshalb geht es für uns um eine persönliche Beziehung zu Jesus Christus. Er schenkt Ihnen das neue Leben und damit:

- Vergebung Ihrer Schuld. Dazu die Bibel: »**In ihm (Jesus) haben wir die Erlösung durch sein Blut, die Vergebung der Sünden**« (Epheser 1,7 LÜ).
- Gemeinschaft mit anderen Christen in der Familie Gottes. »**Durch den Glauben seid ihr alle Gottes Kinder in Christus Jesus** (Galater 3,26 LÜ75).
- Gottes Nähe und Hilfe im Alltag. »**Aus seinem Reichtum wird euch Gott, dem ich gehöre, durch Jesus Christus alles geben, was ihr zum Leben braucht**« (Philipper 4,19 HfA).

3 Wie unser Leben mit der Geburt beginnt, so beginnt geistliches Leben mit einer geistlichen Geburt.

Jesus sagt das so: »**Wer nicht neu geboren wird, kann nicht in das Reich Gottes kommen**« (Johannes 3,3 HfA).

Was heißt das: neu geboren? Lesen Sie die Verse 1–8 aus Johannes 3 einmal im Zusammenhang. Nikodemus fragt dort Jesus nach dem Wie der Neugeburt. Jesu Antwort macht deutlich: Wir brauchen zu unserer ersten, der natürlichen Geburt, noch eine zweite, eine geistliche. Diese geistliche Geburt geschieht von Gott her. Wir können nichts dazu tun; wir können Gott aber darum bitten. Wir müssen die geistliche Geburt wollen; Gott zwingt uns nie etwas auf.

Was die geistliche Geburt aber nicht ist:

- Etwa nur bestimmte biblische Wahrheiten als richtig anerkennen! – Glaube ist immer viel mehr als Für-wahr-Halten. Glauben ist Vertrauen, ist eine lebendige Beziehung zu Gott – die uns durch die geistliche Geburt geschenkt wird. Es genügt also nicht zu glauben, daß es einen Gott gibt (vgl. Jakobus 2,19).

- Etwa nur gute Werke tun. – Gutes tun ist immer richtig. Aber gute Werke können nie die Verbindung zu Christus ersetzen. Die Bibel dazu: »**Es ist tatsächlich reine Gnade, daß ihr gerettet seid. Ihr selbst könnt nichts dazu tun, als im Vertrauen anzunehmen, was Gott euch schenkt. Ihr habt es nicht durch irgendein Tun verdient**« (Epheser 2,8-9 GN).

4 Sünde verhindert neues geistliches Leben. Deshalb können Sie nur Christ werden, wenn Ihre Sünde vergeben wird.

Was ist Sünde? Das Nichthalten der Gebote?

Ja, aber noch viel mehr: Sünde ist schon unser Versuch, alles selbst zu bestimmen und ohne Gott leben zu wollen.

Einige Umschreibungen von Sünde sind:

- Das richtige Ziel verfehlen.
- Ohne Verbindung zu Gott leben.
- Auflehnung gegen Gott.

Die Bibel dazu: »**Alle haben gesündigt und die Herrlichkeit verloren, die Gott ihnen zugedacht hatte**« (Römer 3,23 LÜ75).

Mit unseren Sünden können wir vor Gottes Urteil nicht bestehen. In dieser Situation kann uns nur Jesus helfen: »**Wer an ihn glaubt, der wird nicht gerichtet**« *(Johannes 3,18 LÜ).*

Die ersten vier Grundschritte sind Sie nun durchgegangen. Ich hoffe, Sie stimmen ihnen zu.

Doch das allein hilft Ihnen noch nicht. Jetzt ist Ihre Antwort gefragt:

5 Jesus aufnehmen und neues Leben erhalten!

Die Bibel sagt das so: »**Allen aber, die ihn (Jesus) aufnahmen und an seinen Namen glaubten, denen gab er Macht, Gottes Kinder zu werden**« (Johannes 1,12 LÜ75).

Jesus aufnehmen, darauf kommt es an! Das bedeutet:

- Vor Gott zugeben, daß unser Leben ohne Christus nicht in Ordnung ist, daß wir Sünder sind.
- Jesus bitten, alle unsere erkannten und unerkannten Sünden zu vergeben.
- Die Vergebung annehmen und ihm dafür danken.
- Jesus Christus einladen, die Herrschaft über unser Leben zu übernehmen.

Sie können das jetzt in einem Gebet aussprechen – mit eigenen Worten oder so:

Lieber Herr Jesus Christus! Ich weiß, daß mein Leben vor dir nicht in Ordnung ist. Ich brauche deine Vergebung. Bitte vergib mir alle meine Sünden. Ich will dir mein ganzes Leben übergeben. Sei du mein guter Herr. Ich danke dir, daß du mir vergibst und mich annimmst. Amen.

F wie: Fangen Sie doch gleich an!

Die Berichte dieses Buches erzählen, wie Menschen begonnen haben zu glauben. Doch der Anfang ist eben nur der Anfang. Jetzt geht's erst richtig los. Am Ende dieses Buches möchte ich Sie ermutigen, den neuen Weg mit Jesus zu gehen. Christen sind nie schon perfekt, sind nie schon am Ziel. Sondern sie sind unterwegs; sie gehen weiter; sie wachsen in ihrem Glauben.

Viele Themen sind dabei wichtig, doch drei ganz besonders. Sie sind leicht zu merken, denn sie beginnen alle mit einem großen G: Gottes Wort, Gebet, Gemeinde.

Gottes Wort: Lesen Sie jeden Tag in der Bibel (vgl. Apostelgeschichte 17,11 und 2. Timotheus 3,16-17). Es kann schon sein, daß Sie zunächst noch nicht alles verstehen, was Sie da lesen. Doch geben Sie nicht auf! Wo Ihnen etwas unklar bleibt, setzen Sie einfach ein Fragezeichen an den Rand Ihrer Bibel. Und dann fragen Sie bei nächster Gelegenheit einen erfahrenen Christen.

Am besten ist es, wenn Sie eine Kleingruppe (Hauskreis oder Glaubenskurs) finden, in der Sie gemeinsam mit anderen die Bibel lesen und verstehen. Solche Hauskreise gibt es heute fast überall in Deutschland. Oft benutzen sie als Grundlage für das Bibelgespräch die Arbeitshefte der GEMEINDEBIBELSCHULE (oft nur kurz GBS genannt). Fragen Sie danach. Wenn jeder in der Gruppe ein GBS-Heft hat, kann sich jeder vorbereiten; und der Hauskreis macht noch mehr Freude.

Gebet: Beten Sie täglich (vgl. Johannes 15,7 und Philipper 4,6). Danken Sie Jesus; bitten Sie ihn für sich und andere; beten Sie ihn an! Sagen Sie Jesus Christus einfach, wie Ihnen ums Herz ist. Beten Sie auch beim oder nach dem Bibellesen. Was Ihnen dabei wichtig geworden ist, das besprechen Sie mit Jesus Christus. Auch was Sie nicht verstanden haben, können Sie ihm sagen. So kann Ihr Beten zur Antwort werden auf Gottes Reden zu Ihnen beim Bibellesen.

Gemeinde: Sie brauchen unbedingt eine lebendige Gemeinde, in der Ihr Glaube wachsen kann und in der Sie Gemeinschaft mit anderen Christen haben können (vgl. Apostelgeschichte 2,41-42). In einer Gemeinde, in der Christus geehrt und sein Wort verkündigt wird, werden Sie sich sicher wohlfühlen. Dort können und sollen Sie auch mitarbeiten, damit das Reich Gottes weiter wächst. Übrigens: Wenn Sie einen Hauskreis gefunden haben (siehe oben), dann sollte auch der an eine Gemeinde angebunden sein.

Es wäre noch manches zu sagen. Doch nun ist erst mal wichtig, daß Sie das auch tun, was Sie erkannt haben.
Und – fangen Sie doch gleich an! Viel Freude dabei!